심상시선 132

꽃 한 잎 주워다가

고영복 시집

시인의 말

별빛마저 차가워진 연말입니다
어설픔과 조바심이 뒤범벅되지만 용기를 내어
세 번째 시집을 냅니다.
새해 첫날을 맞이한 지 얼마 전이었던 것 같은데
빠르게 달려온 한 해 였습니다.
부족함 많은 조카를 위해 끊임없이 기도해 주시는
고모수녀님께 감사드리며,
언제나 배려와 사랑으로 지지해주시는
가족들에게도 감사드립니다.

2024년 12월 세밑

고 영 복

차례

시인의 말　　　　　　　　　3

소중한 하루　　　　　　　　9
벗이여　　　　　　　　　　10
겨울이 가면　　　　　　　　11
오래된 친구　　　　　　　　12
나의 봄은　　　　　　　　　13
어느 봄날에　　　　　　　　14
다시 온 봄의 향기　　　　　15
곁에 와 있는 봄이　　　　　16
이제 다시　　　　　　　　　17
오르막길에서　　　　　　　18
꿈틀거리는 봄의 소리　　　19
꽃 한 잎 주워다가　　　　　20
4월을 보내며　　　　　　　21
영혼이 나들이 한 날　　　　22
호숫가에 봄이 오면　　　　23
푸르름에 안부를　　　　　　24
어머니의 음성　　　　　　　25

6월의 소리	26
보통의 시간	27
어느 해 설날 아침	28
향기	29
여름	30
장마	31
타샤의 정원이 아니어도	32
여름날의 편지	33
노을빛 우산 홀로	34
호수의 깊은 목소리	35
소년의 미소	36
오늘 다시	37
시월	38
내일 또 그 별이	39
우체통이 그리운 날에	40
지나가는 길	41
기다림	42
주말풍경	43
가을인가요	44
목련꽃 피던 정원	45

미련없이	46
눈 내리는 날에	47
갤러리에서	48
유년의 기억처럼	49
새날을 반기며	50
숲의 이야기들	51
어머니의 시간들	52
입춘을 기다리며	53
겨울 사랑	54
추억이 깃든 자리에서	55
눈에 담고 싶은 추억	56
향으로 다가온 봄	57
참으로 감사한 것은	58
호숫가의 봄	59
눈을 뜨는 봄	60
사월의 선율	61
위로	62
남겨두는 그리움	63
기다림	64
진달래꽃 필 무렵	65
오월의 하늘	66
도와주세요	67
아쉬움	68
저마다의 깊이로	69
영웅을 기리며	70
동행	71

그 날	72
우리들의 이별은	73
우리들의 시간	74
누구일까	75
지쳐버린 여름	76
여름의 끝과 작별할 때	77
저 하늘의 빛깔을	78
맨발로 걷는 황톳길	79
가을의 시간	80
연인의 시간	81
그것이 좋다	82
홍시의 계절입니다	83
어쩌다	84
까치밥이 털렸다	85
어찌 더 시릴까	86
온 세상을 다 가질 때	87
을지로 입구에서	89
수녀님의 시간	90
호흡하며	91
수도원 가는 길	92
어머니의 우슬재	93

해설 – 박동규   96
순결한 삶을 지향하는 맑고 밝은 감성의 발견

소중한 하루

단단해진 얼음바다에
눈이 부시도록 반짝이는 빛줄기는
뭉쳐진 햇살에 뒤엉킨
호숫가 전망대

언덕을 구르며
눈보라를 헤쳐 오며
하얀 눈길 저 멀리에서
누군가 올 것만 같다

마치 날리는 눈과 한 몸이듯이

벗이여

종달새 예쁘게 노래하던 날
예닐곱 살 무렵

앞니 한 개는 보이지 않았고
환한 모습으로
벗은 웃기만 했다

돌아보니 순간이듯
여전히 방긋 웃는 소녀의 모습

반가움보다 쓸쓸함이 더 커져
빈 하늘만
멍하니 바라보았다

겨울이 가면

무작정 나선 눈길
세찬 바람을 묵묵히 안고
두꺼운 빙판에 어리는 해 그림자보며
눈에 가득 담아보는 백색의 호수

언덕 아래 서서히 솟는 봄의 온기와
뚫고 오르겠다는 용기에
점점이 흩어지는 살얼음 조각들

어디론가 사라져갈 시간 속에
봄이 오는 대로 따라가며
나도 그렇게 살고 싶다
단순한 삶으로 나를 위로하면서

오래된 친구

오랜 친구를 만나는 날은
새 옷으로 갈아입고
아끼던 브로치도 달아 본다

꿈같았던 추억들을 공유하며
마주잡은 두 손
늙어가는 우리는 서로서로를
'그대로인데'라고 말하고 있다

쏟아지는 햇살을 따라
헤어질 시간이 다 될 때까지
가면을 쓴 것만 같은 얼굴로
동화 같은 세상을 넘나든다

다시 또 만날 날을 기약하면서
작별을 떠올리는 소녀들은
"아프지 마"하며
이대로 만나기를 바랄뿐이다

나의 봄은

겨울새도 떠나버린
적막해진 벤치
어느 쪽에서 다가올까
나의 봄은

한 바퀴 파득 이며
무거운 날개 짓으로 서성이다 가는
외톨이 새 한 마리
바람이 데려갈까

회색구름위에서도 빛나는
나의 봄은
어슴푸레한 저녁별처럼
소박한 그리움이면 좋겠다

어느 봄날에

봄맞이 준비도 미처 하지 못한 채
햇살을 따라 걷는다
시시각각 다른 소리로 다가오는
노을빛 그리움

내 인생의 봄날은 언제였을까

바람과 햇빛으로 살이 오르고
나풀거리는 봄의 소리

지천으로 솟아나는 달래 냉이를 보면
파란 하늘빛에
시렸던 겨울도 녹아내리는데

숨 가쁘게 피어나는 봄의 전령들
수북했던 눈의 적막감이
왠지 그리워지는
눈이 부신 어느 봄날에

다시 온 봄의 향기

구름길을 걸을까
빛의 길을 걸을까
조금씩 변해가는 푸른 풍경 속에
동트는 아침을 맞는다

잠시 머물다간 바람의 자리에
종종대며 화들짝 다가오는
봄나들이 새떼들

초록이 엉성한 산과 들이
더욱 우거질 날들을 기대하며
코끝을 간질이는 봄의 향기에
흠뻑 젖는다

곁에 와 있는 봄이

그토록 주춤거리더니만
골짜기 깊은 곳에도
얼음 호수에도
편안하게 자리하고 있는 봄

실크 빛 유혹으로 다가 와
반짝이는 봄의 햇살

연초록 파도에 밀려오는
자연의 선물 같은 신비로움
터덕터덕 걷다가 맞닥뜨리는
새봄의 물결

이제 다시

꽉 잡으면 으스러질
사월

잡힐 듯 닿을 듯
단장한 신부의 면사포
조심스레 흩날리며
환한 미소 피어나는 봄날

진달래 개나리 군락에 파묻혀보면
노란 띠 둘러메고
다시 온 계절은
약속이라도 하고 왔을까

봄 항아리 듬뿍 채워가는
진분홍꽃잎으로
이제 다시
사월의 첫날을

오르막길에서

갓 태어난 아기의 살갗처럼
물이 오른 여린 가지
잎사귀가 채 솟아나기 전
오르막길에 막 피어난
연분홍 진달래꽃 한 송이

귀인을 만난 듯한 반가움에
눈에 가득 담아보며

소나무 우거진 그늘에 앉아
청초한 그 자태 다시 떠올리면
포근히 빠져드는 나만의 세계
'그래. 사월은 역시 진달래야'

꿈틀거리는 봄의 소리

정오의 은빛 호수
널따란 잔디밭 외진 그늘
밀려드는 하오의 적막감

강추위에도 무덤덤하게 견뎌오더니
언제 그랬냐는 듯
앙상한 나무 여린 가지에 봄꽃이 피어났다

민들레 만발한 꽃동산에서
슬그머니 귀 기울여 보면
바스락거리며 요동치는 소리

봄이 움직이며 익어가는 소리

꽃 한 잎 주워다가

뻥 터져 튀어나온 팝콘처럼
앙상한 가지 빽빽이 채운
벚꽃

살랑 이는 바람은
예닐곱 살 소녀의 볼에 피어난 미소
후드득 떨어져 내려앉은 꽃
한 잎 주워다가

그대로 손에 쥔 채
시간이 흐르는 대로
한 잎 두 잎
한 송이 두 송이 모으며 걷는다

4월을 보내며

무르익은 봄

짧아진 봄 축제를 마치고
먼저 왔던 벚꽃은 먼저 떠났고

지난 가을 옮겨와 몸부림하던 나무에
파란 잎이 생생해졌다

살갗을 스치던 꽃샘추위 속에서도
나에게 보내왔던
진달래꽃 같은 연분홍 미소
이제
되돌려주며 기억하려한다

영혼이 나들이 한 날

영혼이 빠져 나간 사람처럼
잠시 멍해질 때가 있다

갑자기 세상이 낯설어지고
창밖 세계가 처음인 듯
아주 경이로워 보일 때도 있다

차창 밖 평범해 보이던 소나무 잎이
삐죽삐죽 선명하게 다가오기도 하고
무심히 눈에 띈 낮달마저
처음이듯 낯설어 보이기도 한다

나들이했던 영혼이
푸른 하늘 저 끝까지
빠져나갔음일까

호숫가에 봄이 오면

하루가 다르게 깊어진 봄
어느새 숲은
짙은 초록 잎으로 가득 채워지고
어색하게 시간을 건너 온
빨간 잎 단풍나무

꽃이 아닌데도 꼭 꽃처럼 보이네요

봄인지 가을인지 알 수 없는 시간에
두 계절을 앞당겨 온 이유가 있냐고
호숫가에 봄이 오길 기다렸냐고
물어보고 싶어집니다

바위산도 빨갛게 물드는
가을이 오면
그땐 어찌할 거냐고
다시 또 물어볼까합니다

푸르름에 안부를

만질 수도 잡을 수도 없는
새벽녘에 피어난 호숫가 물안개

짙게 피어난 봄 향기 가득한 숲에
사이사이 스며드는
영롱한 빛줄기

목이 타 몸부림하던 고독한 나무도
넉넉한 봄 햇살에 안기는 때

오랜 지인이 안부를 전하듯
조금씩 달라져 가는 푸르름에
진정한 감사를 보내고 싶다

어머니의 음성

신이 주신 선물 인가요

그 많은 꽃 중에서도
벚꽃 진달래 떠나간 후
촘촘히 품위 있게 피어난
이팝나무 하얀 숲

고층 창 아래 아득한 숲은
우유 빛 카펫처럼 나직이 깔린
맑고 하얀 어머니의 품

애틋하고 아련한 마음 한쪽
꽃잎 카펫위에 남겨두고
어디선가 들려올 것만 같은
어미니의 음성에
귀 기울인다

6월의 소리

올해에도 어김없이
6월을 안고 와
혈육이 그리워 방황하는 소리

태극기 꺼내놓으며
숙연해 지는 것은
망망한 하늘 저편에서
시들지 않는 헌신과 희생으로
서로의 가슴을 비쳐주는 별

소리되어 나부끼는 6월엔
감사의 인사를 띄우고 싶다
나라를 위해 목숨 바친 영웅들에게
이름 없이 떠도는 별들에게

보통의 시간

나는 자주 전철을 탄다
마치 나의 전용 교통수단이기라도 하듯
매번 감사하고 편안한 마음이다

느긋한 여유로움은
눈을 감은 채 고요를 즐기기도 하고
잠잠히 잊고 있었던 언어들이
불현듯 떠오르기도 하는 순간의
소중한 나의 시간

오늘 나는
또 전철을 탄다
혼잡한 보통의 일상 속에서

어느 해 설날 아침

긴 시간이 지나갔건만
여전히 마음의 벽을 확인하며
미사에 참석하는 곳

언제였을까
휴가 나온 막내 고모 손을 잡고
수도원 구경하러 나섰던 때

근엄함을 뒤로하고
시종일관 밝은 미소 띠우시던
원장 수녀님 앞에
한없이 낯설던 내 모습

잡은 손 차마 뿌리치지 못한 채
추억이 되어버린
어색한 떡국 한 그릇

향기

가지런히 정돈되어
짙은 녹음으로 채워지는 숲
우거진 편백나무 길

몸맵시 날렵한 여인처럼
우아하기도 하고
고상하기도 하고

몸 안에 웅크린 바이러스까지도
견디지 못하고 사라질 것 같은
그 기품

흠뻑 들이쉬는
피톤치드(phytoncide)
마음속 구석구석 스며드는 향으로
가벼워지는 하루

여름

숲속 깊은 곳에서
잠을 깨어 솟아났을까
마음까지 파란물이 들것 같은 신록에
뒤엉킨 야생화들의 아우성

점점 더 계절의 중심으로 가는 칠월
휘파람 같은 선명한 소리에
엉겁결에 돌아보니
뒤뚱이며 따라오는 낯익은 새들

그들도 즐기고 있는 걸까
반짝이는 태양아래
화려하게 피어나는 이 계절을

장마

밤새 쏟아지던 빗줄기

갑자기 사위어지는 적막감에
급하게 창을 열고 내려다보니
짙은 녹음으로 살랑이는 숲

널따랗게 우산 받쳐 들어도
얼굴을 바꿔가며 달려오듯
또 다시 쏟아지는
세찬 빗줄기에
흠뻑 적셔지는 치맛자락

분주하게 맞이한 여름 손님일까
소나기와 동행하는 검은 구름 뒤로
기쁨과 반가움으로 다가오는 아침

나직이 퍼져나가는
장맛비 향기

타샤의 정원이 아니어도

한여름 더위 속에
차오르는 숨을 고르며
꽃들에게 묻는다
그 속에 뭐가 있기에 황홀한 꽃이 피는지

장마와 폭염 속에서도
꽃이 진 자리에서도
품고 있던 씨앗으로 다시 꽃을 준비하며
옹기종기 피어나는 사연들

타샤의 정원이 아니어도
한더위에 축 늘어져 주저앉은 채
다양한 색깔의 조화로움
사색의 뜰 안에서

* 타샤 튜더(Tasha Tudor): 미국을 대표하는 동화작가로 많은 사랑을 받으며,
  30여만 평의 대지에 천국 같은 정원을 일군 가드닝의 대가

여름날의 편지

앞이 시원하게 열린
호숫가 카페에선
덤덤히 편지를 쓰고 싶다

밤하늘의 달빛이
우리의 가슴을 비쳐줄 때에도
여름날 하오의 그늘 막에서도
그냥 쓰고 싶다

한 여름 폭염 속에서 솟구쳐 오르는
하얀 파도 같은 그리움
멀리 떠난 친구에게
오늘 다시
덤덤한 편지를 쓰고 싶다

노을빛 우산 홀로

저절로 사그라질 듯
구석에 쪼그라든 우산이
모처럼 기지개켜고
거리를 활보하던 날

주룩주룩 묵은 먼지 씻어내더니
맑고 후련한 웃음으로
바쁜 걸음 재촉하네요

앳된 우산속의 재잘거림은
꽂힐 듯 쏟아지는 소나기에 갇혀 버리는데
우산 홀로
노을 속을 걷고 있어요

호수의 깊은 목소리

새벽별을 안고 다가 온
푸른 바람

막바지로 치닫는 여름이
태풍이라는 손님을 겨우
뿌리치더니만
서서히 드러내는 호수의 얼굴

안으로 감기는 휴식이
필요한 시간이라고
들려오는 깊은 목소리

물에 붙어 꽃을 피우는 연잎마저
진분홍 꽃잎을 추켜올리고
여운을 남기며 가라앉는
호수의 깊은 목소리

소년의 미소

아무도 눈치 채지 못하는 사이에
서서히 서늘해진 밤공기

지켜보는 이 없는 너른 들판 가득히
새떼들의 지저귀는 소리는
무게에 눌려 고개 숙인 벼들의
황금들녘을 떠 올린다

홀로 메아리치는 참새 쫓는 소리
휘이 휘이
널리 널리 퍼져 나가는 소년의 외침

쫓겨 간 새떼들이 다시 돌아 올 무렵
보란 듯이
찐쌀 한줌으로 두둑해진 호주머니

소년의 두 볼에
가득히 피어나는 연분홍 미소

오늘 다시

단단해지는 가을

창조하듯이
마음속에 도 다른 마음의 씨앗을 품고
마라톤 하듯 달려온 시간들

씨앗이 싹을 터 줄기가 되고
어린잎이 자라면서 열매를 맺고
숙성의 긴 시간을 지나며
익어간다

시월의 해가 떠오르는 이른 아침에
오늘 다시
느긋하게 차례를 기다리는
까페 앞의 긴 줄을 바라보면
전해져오는 따뜻한 온기에
감사의 눈물이 날것만 같다

시월

새벽 창가를 밝히며
한 잎 단풍으로
가을의 서정을 듬뿍 안고 오는
계절

서정이 그리움 되어
낯설도록 훌쩍 커버린 코스모스 하얀 꽃잎이
오히려 낯이 설다

쓸쓸한 샛바람 불어오는
첫 단풍 물드는 창가에
지극히 짧은 시간으로도 다가오는
흑백 추억

내일 또 그 별이

새벽길을 걷다보면
밝다 못해 창백한 별 하나가
따라오다 사라져간다

광활한 밤하늘에 빛을 내는 별들이
하나 둘이 아니건만
유달리 가까이 다가오는 시간

비어 있어 더 아름다운
텅 빈 하늘

내일 또 그 별이 다가오려나

보푸라기 구름 하나 없는
빈 하늘을 채우려는 듯
높이 솟은 보름달도 오늘은
유달리 덩그렇다

우체통이 그리운 날에

누구에게든 편지를 보내고 싶어
오랜만에 아주 오랜만에
긴 편지를 써본다

언제 봐도 반가웠던 빨간 우체통
지금은
어느 모퉁이에서 추억을
되새길까

망각 속에 지워진 이름들을
떠올려 본다는 것

참으로 오랜만에
편지를 써본다
우체통이 마냥 그리워지는 날에

지나가는 길

우거진 숲 붉게 물드는 길에

기우는 해가 아쉬워
막연한 기다림으로 채우는
나른한 오후

폭염과 폭우를 헤쳐 나와
숨어들듯 살며시 다가온
풍요의 계절인데

어느덧
늦가을로 접어든 하늘과 바람

아득한 낙엽 향기 따라
단풍군락에 파묻히는
호젓한 나의 길
가을의 길

기다림

깊은숨 몰아쉬며 쉼 없이 달려와
한발자국 뒤로 물러서다가
속도까지 미루어보는 느긋함

꽃구름 스쳐가는 언덕에 오르면
가득한 은빛 호수의 잔물결

유달리 반짝거리는 광선에
사로잡히게 되는 신비로움

햇살에 하도 눈이 부셔
잠시 감아보는 나의 두 눈 위로
갑자기 날아드는 꽃단풍
한 잎

주말풍경

다져놓은 산책길

맨발로 흙길을 걸어 가
흔들거리는 벤치에 앉아본다

자유롭게
그 어떤 제약도 없이
구릉진 잔디 위를 뒹굴며 외쳐대는
왁자지껄한 아이들 소리

줄이 끊어진 채
높이 매달려있는 갈매기연 사이엔
화음을 맞추기라도 하듯
짹짹거리는 철새들 소리

평범한 우리의 일상이듯
고목나무 가지위에서도
보는 것만으로도 편안해지는
한가로운 주말의 풍경

가을인가요

비바람에 시달리고
올려다보는 하늘이 우중충해도
그 향기 여전한
고요한 길

찬 서리에 두툼해진 낙엽이불 사이
빠끔히 내미는 검붉은 잎 하나

더운 가을에 지치고
차마 물들지 못하는 엄살 단풍에
멍드는 가슴

그나마 가을을 추억하려
황금들판 화폭삼아 나부끼던
은행나무 가로수길
아. 가을인가요

목련꽃 피던 정원

앙상한 가지 끝에
위태롭게 매달린 빨간 홍시 하나

파란 하늘 아래
불쑥 흩날리던 첫눈은
가을꽃을 한숨에 날려 보내더니

목련이 피었던 자리에
하얗게 피어난 눈꽃송이

옛이야기를 품은 채
고향의 향기로 그려지는
적막한 백색의 정원

미련 없이

부둥켜 끌어안고
가을비에 서로 붙어 있다가
바람에 떠밀려가듯
어쩔 수없이 날아간다

찬바람 먹구름에 하늘마저 찌들고
앙상한 가지에 매달린
붉은 단풍잎
남아있는 미련일까

시치미 뚝 떼고 갑자기 말짱해진
하늘도
늦게 온 가을마저 휙
불어 버리는데

눈 내리는 날에

푸른 하늘이 배경일까
그윽하게 나래 젓는 까치 떼 무리

물살을 가르는 하얀 오리가족은
살얼음 추위를 들썩이는데

앙상한 나무에 매달린 마른 잎조차
마냥 외로워 보이는
그 적적한 아름다움

막연한 소망을 츄리에 매달고
빈 선물상자 쭉 늘어놓으며
시간의 바다에 푹 빠지고 마는
올망졸망한 추억들

크리스마스가 기다려지는
눈 내리던 날에

갤러리에서

추위는 아랑곳없이
눈부시게 빛나는 햇살로
잊지 않고 다시 와 방긋대는 계절

라떼 한잔으로 움츠린 몸을 녹이며
예술의 향기가 흐르는
고즈넉한 갤러리의 한 모퉁이

온기가 서린 그 자리에
부드럽게 다가오는 바람을 안은 채
송년의 아쉬움을
남겨두고 싶다

너와의 시간을 위해

유년의 기억처럼

발길 머무는 곳에
속삭이듯 다가오던
올드 랭 싸인
떠나버린 그 많은 시간들

초겨울 초저녁의 별무리처럼
유년의 기억처럼
사그라드는 12월의 불빛

해거름 산자락에
피어오르는 안개구름 따라
한가로운 나의 창가에도
따끈한 커피 한잔이
새해를 맞이하며 나풀거린다

새날을 반기며

함박눈 벗이 되어 속살거리는
아침 햇살
이마를 스치는 눈꽃송이는
나의 기다림

하얀 왕관을 쓴 새벽의 여인들이
북적대는 인파를 뚫고
빛나는 아침을 맞이하러 가듯

두근대는 가슴은
설레임으로 채워지고
호수에 내려앉은 하얀 겨울은
새날을 반기며 반짝이고 있다

숲의 이야기들

살얼음으로 다가 와
새들마저 떠나버린 적막한 숲

깊어가는 하늘과
바람을 울리며 다가오는 새 울음소리
마른가지 흔들리는 소리
금방이라도 눈물이 쏟아지게 할 것만 같아

가벼운 발길로
겨울 숲에 꽂히는 햇살을 따라
오던 길 돌아보며 귀 기울여보는
숲이 들려주는 지난 옛이야기들

어머니의 시간들

기다림으로 다가오는
눈 오는 날의 설레임
반갑게도 내가 먹고 자랐던
어머니의 시간들이 몹시 그리워지는 날

흩날리는 눈처럼 소리 없이 다가 와
창가에 머물고 있던 햇살에게
묻는다. 잘 계시는지

뭉텅한 재봉틀 나무 의자위에
지금의 나보다 훨씬 젊으셨던 그 모습

보잘 것 없던 헝겊 조각마저도
어머니의 손끝을 스치면
새로운 생명으로 다시 태어나게 되는
기묘한 변화

이 세상에 오직 한 분
알리바바의 열려라 참깨처럼
내 어머니의 능력이라 믿고만 싶었던
어머니에 대한 나의 자부심

입춘을 기다리며

머리위에 앉은 하얀 눈
눈꽃 핀 호수에 까치 두 마리
구구구 울어대는 가냘픈 존재감

꽁꽁 언 이 살얼음 속에
먹이는 어디서 구해올까
거친 바람 피할 곳은 있는 걸까
눈 내린 가지위에 위태롭지 않을까

바라보는 것만으로도 평온한
하얀 눈 수북한 호수위에
그래도 아무 일 없다는 듯 한가로운
날개 짓

겨울 사랑

얼음처럼 맑고 깨끗한 미소
몽글몽글한 설렘으로
겨울에 태어 난 아이

추위를 어떻게 건너 왔을까
긴 여정 모험의 길을 어찌 달려 왔을까

하얀 가지 위를 날던 겨울새들의
힘겨운 날개 짓처럼
거친 한파를 극복한 아이의
비브라토

얼음처럼 맑고 깨끗한
나만의 겨울 아이
나도 눈이고 싶다. 함박눈이고 싶다

추억이 깃든 자리에서

예전에도 그래왔듯이
한파 속에서도 봄을 꿈꾸며
기다리던 봄날이
서서히 제 모습을 드러내는 날

숨죽여 바라보는
월동을 지낸 철새들의 활기찬 날개 짓으로
엄동설한 적막하던 들판은
어느새 재잘재잘 추억이 깃들고

파란 하늘 배경삼아
숲이 그린 수묵화에
그 끝이 보이는 하얀 겨울

눈에 담고 싶은 추억

한 걸음 두 걸음 걸어가다 보면
막힌 듯하던 숲이 열리기도 하고
새싹들의 아우성치는 소리는
꽁꽁 언 땅을 뚫고 툭 툭 튀어 오른다

풋풋하고 향기로운 오솔길 지나
호수를 벗 삼아 언덕위에 올라보면
서쪽 하늘 가득한 붉은 노을

갑자기 왁자지껄해지는 빈 하늘의 철새들 소리
서로 대비를 이루며 저무는 묘한 하루
욕심껏
듬뿍
눈에 가득 담아 보고만 싶다

정겹게 따라붙는 기억의 조각들까지

향으로 다가 온 봄

겨울의 시간을 따라
고스란히 남겨진 발자국들
봄의 힘을 믿고
더욱 짙은 향으로 다가 오는 달래 냉이

눈꽃 어우러진 어느 봄날
잠시 마음속에 쉼표를 찍고
계절이 피워내는 새싹들 연초록 향기에
젖는다

흰 도화지 하얀 세상을 만들어가며
하늘거리는 함박눈
마른가지위에 그려내는
봄날의 싹싹한 눈꽃향기

참으로 감사한 것은

봄기운이 완연한 날
산수유 홍매화 사이사이
햇빛이 졸고 있다

불현 듯 새 옷을 입은 듯한 산뜻함으로
익숙하게 다가오는 사랑의 인사에
숲은 온통 봄으로 술렁이는데

나를 에워싼 따스한 봄이
참으로 감사한 것은
봄 향기 머문 공기와
내 목을 잡아당기며 흔드는 바람

호숫가의 봄

투명한 하늘가

언제 돌아왔는지
힘껏 날아오르는 철새들

바람의 방향대로 길은 열리고
움츠렸던 나래 활짝 벌린다

떠났던 제비들까지
한 걸음 두 걸음 곁으로 돌아 와
낯설지 않은 친구가 되고

봄 내음 진동하는
안개 자욱한 호숫가엔
향기로운 미소가 가득하다

눈을 뜨는 봄

흩어진 아침안개가
서서히 사라지더니만
뾰족한 이마 드러내는 산등성이

하얀 깃털에 덮인
볼록하게 충만한 배
단꿈에 빠져든 제비 한 쌍은
나뭇가지위에서 마냥 위태롭게 조는데

알몸을 보여주듯
눈이 뻥 해지도록 싱그러운 숲에
큰 목청으로 떠들어대는 텃새들

이때다 싶어 펑펑 터져 오르는
새싹들의 신호에
성급하게 눈을 뜨는 봄

사월의 선율

숨 가쁘게 올라 와
온 들판을 수놓는 봄의 전령들

오늘은 이쪽에서
내일은 또 저쪽에서
눈이 시원해지도록 어우러지는
영롱한 벚꽃 무리

하얗던 그리움은
베르테르의 편지로 화답하고
희망의 외침으로 들려오는 소리
사월의 선율

위로

어디론가 떠나고 싶은 날
하늘 높이 비상하는 제비 한 쌍
길동무라도 되어볼까

봄이 오는 길목
후미진 모퉁이에서도
손짓하는 노란 민들레

가고 없는 옛날을 그리다가
지나온 길 더듬어보며
다시 꿈을 심는다

돌길 아래 한적한 곳
겹 벚꽃 흐드러지는 그늘아래서

남겨두는 그리움

노을 진 강물처럼
꽃잎 떨어진 길을 따라 가다보니
그리움에 물든
붉은 색깔의 진달래 고목

지나가면 다시 못 만날 것 같아
가까이 다가가
잡아보는 순간
꽃샘추위에 웅크려 떨던 그 꽃눈

파릇파릇 돋아난 새순사이로
붉게 물드는 숲
다시 또 다가 올 작별이 아쉬워
남겨두는 그리움

기다림

새벽녘
봄이 쉬이 가 버릴까봐
차마 떠나지 못하고 머뭇대는
선명한 보름달

아지랑이 걷히며
봄의 기운을 듬뿍 안은 텃새들은
돌 틈을 건너뛰어
종종걸음으로 다가오는데

기다림이었을까
찬란해진 봄 햇살에
나는 어느새 맑고 산뜻한 이슬이 되어
훨훨 걸어가고 있다

진달래 반기는 길을 따라서

진달래꽃 필 무렵

진달래꽃이 필적이면
더 간절해지는 어머니 생각

하얀 앞치마 위 흰 저고리에
끊임없이 꽃이 피는
진분홍 연분홍 화전

너무도 예뻐서
너무도 고와서
빤히 꽃잎을 바라보던 나에게
" 이거 한 잎 먹어보렴. 맛있어 "

진달래꽃을 따오게 하셨던 어머니
사랑 한 잎
추억 한 잎

푸른 봄이 머무는 곳마다
봄바람 한 잎

오월의 하늘

숨 막힐 듯 피어났던 봄꽃들이
꽃 보라를 일으키며 날고 있다

화려한 꽃잎 이불로 덮여진 길

앞 다투어 몸부림하던 새싹들이
이루어낸 짙은 숲
작은 걸음걸음들이 만들어 내어
봄을 노래하는 종달새 화음

꽃처럼 닮아 방긋거리며
산을 타고 오르는 하얀 구름
눈부신 오월의 하늘

도와주세요

파란 하늘
박수와 환호 속에 까마득히 날던 연

어느 날 갑자기
곤두박질치다 잘린 꼬리
느티나무 꼭대기에 걸려든 채
해를 거듭 한다

가뭄과 폭염에 몸부림하던 나무는
서서히 몸을 추스르더니
돋아난 새잎들로 우거져 있는데

미라가 되어버린 연
녹음으로 변해 가는 숲
여름이 오기 전에
오늘쯤 내일쯤 누구 없나요

아쉬움

새벽길

때 아닌 광풍으로
몰아치는 소나기는
봄을 보내야하는 애절한 외침이자
푸념

아침 일찍 들려오는 설악산의 대설특보
눈꽃이 활짝 핀 오월의 대청봉
깊은 계곡 소청 대피소에
터져 오르는 하얀 축제

봄과 겨울이 뒤엉킨 채
떠들썩하게 봄 떠나는 소리에
귀를 닫고 살랑대는
그 햇빛, 그 아쉬움

저마다의 깊이로

한줄기 바람이 휩쓸고 간
봄 잔디밭에
바스락대다가
우루루 몰려나온 텃새들

풀내음이 옷깃에 젖어들려나
가까이 앉아보면
그동안 누리던 봄의 시간들이
벌써 지나갔냐고 할 것 같은데

여린 잎이 머물다 간 자리
삐죽한 태양이 고개를 내밀 때면
저마다의 깊이로
기분 좋게 들썩이는 신록

영웅을 기리며
– 호국 보훈의 달에

일제에 맞선 꿋꿋한 기상과 절개

한때 실의에 빠진
조선의 독립 운동가들에게
활로를 열어준 한 청년
매헌 윤봉길

죄인으로 끌려 다니다 수감된
처절한 일본 감옥
십자가 형틀에 묶여 산화되던 날
하늘도 땅도 눈물에 젖었다

조국과 민족을 위해
밟히고 찢긴 채
한 줌 재가 되어 고국에 돌아오기까지
한 맺힌 서러움은 또 어떠했으랴

기념관에 들어설 적이면
감사와 존경으로
가슴 깊은 곳으로부터 절로 우러나는
숙연한 묵념

동행

지금 내게 온 당신은
늘 기다려온 설렘 입니다
끝없는 초원을 지나 온 당신은
진솔한 그리움 입니다

내가 서 있던 곳은
일그러져 쪼그라든 키 작은 나무
바로 그 옆 입니다

무심히 흐르던 설렘과 이별은
한여름 헉헉 숨 막히는
그리움의 강물되어
오늘도 모른 척

깊고 그윽할 뿐입니다

그 날

반짝이는 햇빛을 따라
길을 나서다보니
높이 나르던 붉은 새가
나를 향해 파닥이며 온다

다시금
하얀 구름 위를 향하는 가 했더니
몇 발자국 앞으로 다가 온
푸른 날의 손짓

그건 꿈이었을지도 모른다

아주 오래된 그날

우리들의 이별은

연중행사 치루 듯
딸아이한테 갈 적이면
헤어짐을 먼저 떠 올린다

아름다운 날
긴 머리 날리며 내 곁에 온 그날도
헤어짐의 그림자가 엉켜 붙는다

휙 지나간 20년

다시 온 그날도
엉켜 반짝이는 환희와
오직 나만이 느낄 수 있는 살 냄새에
가슴 저리는 아쉬움

그렇게 함께 간다
우리들의 이별은

우리들의 시간

느긋하게 움직이는
우리들의 시간

청자색 하늘 멀리
그리움은 어느새
가느다란 비행운 다섯줄에
슬그머니 오른다

드높은 하늘을 가로 지르나 했더니
푸른 숲을 건너며 다가온다

"잘 있어요. 또 봐요"
"잘 가세요. 또 만나요"

헤어짐의 인사가 어떤 것인지
우리들의 시간은
참 목마르다

누구일까

먹구름 틈새로 나오는 빛

지독했던 폭염도 떠나려하고
소임을 다 했다는 듯
축 늘어진 거친 숲

새벽녘

울림으로 다가오는
풀벌레들의 외침
터질듯한 까치들의 아우성

혹독했던 폭염을 밀어내며
서늘한 그늘을 가져다주는
이 새벽에 오시는 이는
또 누구일까

지쳐버린 여름

옥빛 호수
손짓하는 가을
폭염에 몸살을 하던 고목
길게 누워버렸다

아침저녁 다가오는
산들바람소리
화들짝 놀란 여름
가슴을 쓸어낸다

축축한 열풍에
태양마저 지치게 하는 긴 여름
뜨거운 햇빛에 살갗이 녹을까
전봇대 뒤에 숨었다

불덩이처럼 이글대던 시간들
다시 올 가을이
절실하기만 하다

여름의 끝과 작별할 때

가을이 들어온다
여름 창가에

회색도시를 벗어나
포플러나무 우거진 곳
어깨를 맞댄 나무들의 숲이
그립다

뚜벅뚜벅
무겁게 다가오는 9월의 소리
눈에 가득 담고
여름의 끝과 작별하고 싶다

저 하늘의 빛깔을

먹구름
호수 한가운데서 쉬고 있다

날벼락 같은 소나기에 흠뻑 젖은 숲
바람을 등진 어미 새는
파란 나래 힘겹게 젖고 있는데

그 무거웠던 시간들을 보내고

이젠
듬성듬성 눈에 들어오는
가을꽃을
저 하늘의 빛깔을

다시는 오지 않을 것 같은
여름을 보내며
푸른 가을을 재촉 한다

맨발로 걷는 황톳길

불그스레한 흙
황토로 덮인 맨발 길

발바닥으로 전달되는 놀라운 감촉은
아기의 살갗 같은 보드라움이다

우거진 숲 사이 길
시간에 떠밀린 채
서서히 소멸되는 따가운 햇볕
빨간 물은 발가락 사이로 스며드는데

발바닥을 간질이는
보드라움을 흠뻑 적시며
맨발로 걷는 황톳길
빨갛게 물드는 작은 숲길

가을의 시간

지난여름
햇볕 따가운 날
숲속에서 자지러지던 매미들의
시간은 갔다

아무도 없는 빈 창가에
가을바람에 실려 온
소리

귀뚜라미 우는 밤이었지

오늘 밤 또 다시
활짝 창을 열어놓으면
낭창한 귀뚜라미 소리에
내 귀가 호사할 시간이 온다

연인의 시간

먼데서 오는 바람을 따라
움직이다 보면
아주 오래된 향기가 있는 곳으로
가고 싶어집니다

여름 풀밭을 누비던 다람쥐들
지나가는 비를 피하는지
바짝 부둥켜안은 채
짙은 풀숲에 숨었고요

알알이 익어가는 가을들녘에
이불처럼 덮인 구절초 군락
바람을 타고 서걱거리는
연인의 계절입니다

사뭇
사람과 사람사이의 온기가
그리워지는 시간입니다

그것이 좋다

많이 다녔다고
다 다녀본 줄 알았는데
여기저기 새롭고
오래전에 갔던 곳이 또 새롭습니다

더운 여름바람에 흩어졌다가
다시 모여드는 철새 가족들
살랑이며 나부끼는 햇볕
그것이 좋습니다

찬바람이 불러오는 시린 겨울을
떠올리며

가봤던 곳 다시 가보면
구불구불한 곡선
끝없이 그려지는 그 길
참 좋은 그림 입니다

홍시의 계절입니다

늦게 해가 떠오르더니
어두운 수풀 뒤에서 울어대는
풀벌레 소리

파란 하늘에 눈이 시리고
그 볕에
물들고 반짝이는 달콤함

담장 안으로 들어 온 감나무 가지는
축복의 열매이고
한 폭의 그림인데

이 계절이 아름다운 것은
마음이 몰랑몰랑해지는
홍시의 계절이기 때문입니다

어쩌다

가을의 전령인 철새가
내려앉은 호숫가
지각해버린 단풍 숲에
초조하게 불어오는 찬바람

낙엽향이 스며드는 산책길
눈길 닿는 곳마다
절정에 이른 단풍 숲

덩그러니

큼지막한 바윗덩이 아래
키를 낮추고 있는 한줌의 풀들
고상하게 내려앉은
하얀 서리

까치밥이 털렸다

감나무가지 꼭대기에
아슬 하게 걸려있던
아주 작은 까치밥

높고 파란 가을하늘
금세 날아들 것만 같은 하얀 구름송이

철없는 봄꽃들은
시도 때도 없이 피어나는데

온 마을을 환하게 비춰줬던
빨간 까치밥

솟아난 바위틈에서도
붉게 물든 한 포기 풀이
오늘따라 더욱 반짝 거린디

어찌 더 시릴까

풀숲을 걷다보면
호수 한가운데 푹 빠진
낯익은 고층 빌딩위로
열병지어 날고 있는 철새

연보라 가을꽃
흔들리는 갈대숲
초록빛 단풍의 고달픔 마저
한꺼번에 풍덩 던져본다

멀리
농부가 보이지 않는 들녘에
길을 잃고 헤매다가
몽글몽글 피어나는
집 잃은 아지랑이 떼

어찌 더 시릴까
오늘따라

온 세상을 다 가질 때

내가 초등학교에 갈 때
언니는 중학생 이었다

쉽게 다가가기 어려웠던
언니의 방

정적을 깨우며
언니가 나를 부를 땐
물 한 컵 가져오라거나
친구 집에 심부름 시키는 거였지만
나는 껑충껑충 뛰어가곤 했다

내가 중학생일 때
언니는 대학생 배지를 달고 있었다

눈 빠지도록 방학을 기다려
맞닥뜨린
언니의 모습

----- 영화배우를 닮아가나 ?

차곡차곡 주섬주섬 꺼낸다
눈을 동그랗게 뜬 언니의 미소
"아주 잘했구나"
단 1초밖에 걸리지 않는 그 한마디 말
나는 온 세상을 다 갖는다

을지로 입구에서

동서남북 꼬리를 잇는
차들의 행렬

어김없이 다시 온 해 그늘
서성이며 망설이더니
황금빛 가로수를 품는다

가는 가을이 아쉬웠던지
한 아름 구름을 감싸 안고
시간의 저편으로
느릿느릿 가는 하늘

을지로 입구에서 바라본
함께하고 싶고
같이 살면 좋을 푸른 하늘은
거기에 그대로 머물고 있다

수녀님의 시간

높은 담 무거운 철문
금단의 구역 수도원

20대에 입회하여
어언 90이 가까워진 수녀님

" 지난여름 나 많이 아팠어 "
침묵을 깨며 불현 듯 전해주시는
솔직한 말씀

모처럼 마주 잡은 두 손
낡은 그물망 같은 손등의 실핏줄

하릴없는 뻔한 말로
따뜻한 봄날에 다시 또 오겠다고

90키로 속도로 달려가는
수녀님의 시간

호흡하며

유달리 오늘 더
일상속에서 느껴지는
마음의 나라

겨울이 시작된지 벌써 한 달
날카롭게 스치는 바람과
낙엽향이 진하게 밴 흙냄새

산노을이 비켜가니
널따란 들은 요동을 치고
마주보며 소곤대는
처량해진 단풍 숲

달팽이처럼 느릴지라도
너른 들녘에 서서
나만의 속도로 가겠다고

수도원 가는 길

한평생 수도자의 길에서
희로애락은 뭘까

수도원으로 가는 길은 참 멀다

인간이기에
세월의 깊이만큼 짙은 겨울을
견뎌내야만 하는 고통

멀리서 밝혀주는 환한 빛을 따라
갈팡질팡 가는 길은 흙 길일 텐데

혈육의 애절함을 너머
원로 수녀님을 향한 공경이
사위어가는 촛불의 울림으로
가늘게 가늘게 떨리고 있다

어머니의 우슬재

앞산 진달래 흐드러지게 필적이면
구불구불 우슬재 봉우리
온다던 자식 기다리다 지친 채
호미 하나 챙겨 들고 밭으로 가신
어머니

앞산에 찔레꽃 구름처럼 피어오를 땐
치맛자락 움켜쥐고
바쁜 일손 놀리시던
어머니

그 앞산에 머루 다래 익어갈 때면
비에 젖듯 땀에 젖어 더 애처롭던
우리 어머니

발 없는 세월은 이미 떠나간 채
추억의 고갯길 우슬재 마저
어머니의 흔적들을 지우려 하고
아껴둔 초겨울의 햇살조차도
살며시 살며시
비켜만 가려 하네

고영복의 시집에 관하여

박동규 시평

순결한 삶을 지향하는 맑고 밝은 감성의 발견

고영복의 시집에 관하여

순결한 삶을 지향하는
맑고 밝은 감성의 발견

박동규 (서울대 명예교수, 문학평론가)

1. 봄의 태동과 생명에 관한 감성적 접근

　고영복 시인은 등단하고 나서 쉬지 않고 어려운 시집 출간을 하여 이제 세 번째 시집 『꽃 한 잎 주워다가』를 발간하게 된다. 먼저 그의 시집 발간이 마치 태어난 아기가 백일잔치를 하고, 일 년이 되면 돌잔치를 하는 것이 아이의 성장의 한 단락을 통해서 성장의 의미를 부여하는 행사가 되듯이 고 시인에게는 시인으로서 자신의 시세계가 날로 충실해지고 보다 높고 견고한 시정신을 갈고 닦은 시편들을 확인해 보고 싶어 하는 마음일 것이다. 이번 시집의 제목에서 보여주고 싶어 하듯이 낙화의 서러움을 떨어진 꽃잎 하나를 손에 잡아 가슴에 품는 마음처럼 그가 시를 쓰고 살아간다는 것이 얼마나 소중한 것인가를 확인하는 것 같다. 그리고 이번 세 번째 시집에 실린 시편들을 읽어보면서 그동안 그가 추구해온 시세계와 다른 변화를 보여준 것은 그의 시가 자연과 인간이 한 몸이 되는 동일성의 방식을 원용하여 서정적 동화에 그치지 않고 그가 지향하는 삶의 온전한 지표를 시적 대상을 통해 드러내 보여주고자 하는 점이다. 특히 그는 인간의 온전한 가치의 중심에 인간다움이라는 정서적 사연을 풀어 넣는 방식을 선택한 것이 특이한 점이다. 이는 그의 시편에 자연현상에서 봄이라는 '계절'이 소재로 많이 등장하고 있는데, 이 '봄'이라는 자연의 의미는 생명의 태동이나 생명의 새로운 발현에 대한 희망이나 꿈이 녹아 있다고 할 것이다. 따라서 그의 시편들은 시인이 꿈꾸는 세상에서의 새로운 변화의 욕구와 인간다움이라는 것에 대한 사유가 얼마나 절실하고 그 갈망이 얼마나 선명한가를 보여주는 것이다.

그는 음악인으로 플룻 앙상블 단장으로 활동하면서 해외연주를 다니기도 하고 가톨릭 합창단 활동을 함께 하고 가곡연구회에 나가 한국 가곡 발전에 혼신의 노력을 하면서도 시를 한 시도 놓치 않고 열심히 매진하는 것은 그의 성실한 성품뿐만 아니라 그런 활동 중에도 그가 지닌 넓은 의미의 예술적 가치에 대한 자각이 그의 시를 중심으로 하는 생활에 담겨 있기 때문이라고 할 것이다. 이제 그의 시편에 담겨진 그만의 자연과 인간의 조화로운 유합의 미학을 바라보는 그의 개별성을 중심으로 살펴보기로 한다. 다음 시를 보자.

단단해진 얼음바다에
눈이 부시도록 반짝이는 빛줄기는
뭉쳐진 햇살에 뒤엉킨
호숫가 전망대

언덕을 구르며
눈보라를 헤쳐 오며
하얀 눈길 저 멀리에서
누군가 올 것만 같다

마치 날리는 눈과 한 몸이듯이

- 「소중한 하루」 전문 -

   이 시는 추운 겨울 얼음이 깔린 호숫가 풍경을 배경으로 하고 있다. 호수에 가득한 얼음위에 던져진 햇빛이 마치 등대처럼 생긴 전망대에 눈과 엉켜서 하나의 눈 기둥으로 보인다. 이 시는 얼음과 햇빛이 엮는 아름다운 결합의 신비한 광경을 보면서 저편 언덕 너머 기다리는 누군가 눈길을 헤쳐 눈과 한 몸이 되어 찾아 올 것 같은 환상을 꿈꾸고 있다. 이 꿈은 '마치 날리는 눈과 한 몸이듯이'라는 시인의 상상이다. 이 상상은 시인이 자연 속에 함몰된 삶의 한 조각을 드러내 보여주는 것이라고 할 것이다. 비록 금방 내려 사라지고 말 눈이지만 이 눈과 한 몸이 되어서 잠시라도 함께 하고 싶은 간절한 소망을 꿈꾸는 것이 시인의 간절함이다. 눈과 하나가 된다는 표현은 시인이 바라는 혼과 육체의 결합처럼 그와 내가 하나로 엉켜 살아가는 것이 진실한 삶의 한 모습이라고도 할 것이다. 다음의 시를 보자.

영혼이 빠져 나간 사람처럼
잠시 멍해질 때가 있다

갑자기 세상이 낯설어지고
창밖 세계가 처음인 듯
아주 경이로워 보일 때도 있다

차창 밖 평범해 보이던 소나무 잎이
삐죽삐죽 선명하게 다가오기도 하고
무심히 눈에 띈 낮달마저
처음이듯 낯설어 보이기도 한다

나들이했던 영혼이
푸른 하늘 저 끝까지
빠져나갔음일까

- 「영혼이 나들이 한 날」 전문 -

  이 시는 엄밀하게 보면 정신을 잃고 멍해지는 시간에 느끼는 허망한 순간, 자아의 형상에 대한 시인의 성찰이 시의 모티브가 되어 있다. 그런 시각을 좀 달리 보면 그가 '영혼이 빠져 나간 사람처럼' 잠시 정신을 놓고 있는 순간이 있다. 망연자실하여 아무 생각도 나지 않고 막막한 느낌만 가득한 순간이다. 이 잠시 끊어진 필름과 같은 빈 공간에서

사물이 낯설게 보일 수 있다. 상실감이나 허탈감과 같은 욕구적 형태의 심정이 아니라 아무 의식도 없는 것처럼 시인이 지닌 '나'라는 존재의 무(無)에 관한 자각이 생겨난 것이다. 이 존재의 모습이 그를 둘러싸고 있는 자연 앞에 던져져 있는 것이다. '차창 밖 평범해 보이던 소나무 잎'이 선명하게 다가오고 '낮달마저 처음이듯 낯설어 보이'는 것이 된다. 이 익숙했던 것들이 낯설게 다가오는 순간이야 말로 시인에게는 갇혀지고 관습화되고 익숙해져 매끈해진 자아의 현재적 존재에 새로운 의미를 바라보게 하는 의식의 전환을 보여주는 순간이 된다. 즉 자연이 주는 새로운 힘으로 그는 새 세상을 보게 된다는 식이다. 그리하여 '나들이했던 영혼이' 푸른 하늘 저 끝까지 갔다가 돌아온 것이다. 시인의 맑은 영혼을 자연을 통해 그 순정성을 회복하는 것이 되고 이는 그를 다른 세계를 받아들이는 공간이 되기도 한다. 다음 시를 다 보자.

하루가 다르게 깊어진 봄
어느새 숲은
짙은 초록 잎으로 가득 채워지고
어색하게 시간을 건너 온
빨간 잎 단풍나무

꽃이 아닌데도 꼭 꽃처럼 보이네요

봄인지 가을인지 알 수 없는 시간에
두 계절을 앞당겨 온 이유가 있냐고

호숫가에 봄이 오길 기다렸냐고
물어보고 싶어집니다

바위산도 빨갛게 물드는
가을이 오면
그땐 어찌할 거냐고
다시 또 물어볼까합니다

- 「호숫가에 봄이 오면」 전문 -

 이 시의 소재는 단풍나무이다. 실제로 단풍나무 잎은 봄에서 가을까지 붉게 물들어 있다. 시인은 이 붉음을 주목한다. 봄이 되면 하루가 다르게 짙은 초록으로 새순이 물들어 간다. 이 색의 변화는 봄이 다가옴을 알려 주는 신호이다. 이 자연의 순리적 순환은 시인이 살아가는 삶의 순리적 현상이기도 하다. 이 시는 자연의 순리적 현상 속에 감추어져 있는 변하지 않는 고결한 삶의 의지가 단풍의 일관된 색깔 속에 묻어 있는 것이라는 것이 그의 시각이다. 이는 단풍을 꽃으로 바꾸어 계절을 초월하여 피어있는 꽃처럼 보인다는 점이다. 이 꽃처럼 보인다는 것은 단풍이 아름다운 꽃의 하나라는 뜻이지만 또 다른 확장된 의미로 보면 시간에 따라 변하지 않는 꽃이라는 뜻이다. 지난번 시집 『가까이 더 가까이』에 실린 '봄눈 내리는 날에' 시에서 비록 현실은 우울할지라도 봄향기 우울한 오솔길에 나풀거리는 하얀 눈꽃송이를 보면서 우거진 녹음이 다가온다는 예감을 보여준 바 있다. 이 눈꽃은 비록 한 순간의 꽃이지만 영원히 마음에 피어나 있는 꽃이라는 뜻과 같은 맥락이라고도 할 수 있다. 이와 같이 바위산도 빨갛게 물드는 가을이 오면 붉은 단풍은 꽃모습 그대로 남아 있기를 꿈꾸고 있다. 즉 시인의 영원한 마음의 꽃인 단풍이 행여나 붉은 가을빛에 묻혀 버리면 어찌하나 하는 마음도 숨어 있다. 그러기에 시인은 꽃으로 남지 못하면 어찌하나하는 심정을 보여준다. 시인은 꽃의 변질을 원치 않는 것이다. 시인은 꽃이 그 계절을 벗어나서도 허무하게 저버리는 것이 아니라 그대로 꽃으로 남기를 바란다. 비록 인간도 세월의 풍파를 겪으면서 모습이 달라질 수 있어도 인간의 아름다운 본질은 그대로 간직하고 있기를 바라는 마음과 같은 것이다. 시인은 가을이 되어 단풍이 꽃으로서의 의미를 간직해 있기를 바라고 있는 것 그의 살아있는 아름다움의 본질에 대한 시정신일 수 있다. 다음의 시를 보자.

저절로 사그라질 듯
구석에 쪼그라든 우산이
모처럼 기지개켜고
거리를 활보하던 날

주룩주룩 묵은 먼지 씻어내더니
맑고 후련한 웃음으로
바쁜 걸음 재촉하네요

앳된 우산속의 재잘거림은
꽃힐 듯 쏟아지는 소나기에 갇혀 버리는데

우산 홀로
노을 속을 걷고 있어요

- 「노을빛 우산 홀로」 전문 -

이 시는 작은 우화처럼 우산과의 만남을 소재로 하고 있다. 비 오는 날 현관에 쪼그라든 우산을 꺼내 집어 들고 거리를 나선다. 우산은 모처럼 기지개를 켠다. 그리고 거리를 활보한다. 이 우산이 주인공이 된 시적 구조는 엄밀하게 이중적 의미성을 보여준다. 감추어진 화자인 '나' 사이에는 미묘한 감정적 교류를 보인다. 갑갑한 집에서 벗어나 거리로 나오자 비가 묵은 먼지를 씻어 내주듯이 나 역시 후련한 웃음으로 바쁜 걸음을 재촉한다. 그러다 꽂힐 듯 쏟아지는 소나기에 갇혀버린다. 그런데 이 우산 속 공간은 하나의 독립적 공간이 된다. 이 시는 일상에 묻혀 사느라고 자신의 독립적 영역에 대한 자각을 잊어버리고 있었지만 비 오는 날의 우산 속에서 우산의 재잘거림을 통해 그와의 감성적 교류를 얻어 '노을 속'과 같은 시간이 흘러가고 노을이 젖어드는 때를 맞은 것을 깨닫게 된다는 함의가 숨겨져 있다. 시인에게는 비 오는 날 어느 순간 쪼그라든 우산을 펼쳐들 듯이 자신을 펼치고 살펴본다. 그리고 이미 노을이라는 세월 안에 던져 있음을 자각하는 것이다.

2. 인간과 자연의 절묘한 생명의식의 조화

시가 보여주는 감동은 총체적이며 유기적인 것이다. 그리고 감동을 가져오게 하는 방법 역시 시적 기법과 연관하여 시인의 개성과 연결되어 있다. 어느 때 산속 깊은 곳에 비가 온 후 개울물을 보면 물이 콸콸 흘러가는 것을 볼 때가 있다. 그러다가 비가 그치고 하늘이 파란 어느 날 개울물을 보면 언제 그랬냐는 듯이 사뿐사뿐 작은 돌에 부딪쳐 가며 졸졸 흘러가는 것을 볼 수 있다. 개울물이 흘러가는 것이 경우에 따라 달라지고 이 달라진 개울물을 보고 느끼는 감성 또한 달라질 수 있는 것이다. 이러한 다양성의 소재가 지닌 특성만을 고려하여 그 감성적 반응을 서술한다면 이는 관습적 오류를 범하게 되는 것이다. 이러한 관점에서 고 시인의 시는 어딘지 낯익은 것 같은 풍경이나 사물을 시로 형상화하고 있지만 그만의 감성적 반응에 따라 개성적인 느낌으로 그만의 내면을 보여주고 있다는 점이 특이하다. 다음의 시를 보자.

뻥 터져 튀어나온 팝콘처럼
앙상한 가지 빽빽이 채운
벚꽃

살랑 이는 바람은
예닐곱 살 소녀의 볼에 피어난 미소
후드득 떨어져 내려앉은 꽃
한 잎 주워다가

그대로 손에 쥔 채
시간이 흐르는 대로
한 잎 두 잎
한 송이 두 송이 모으며 걷는다

― 「꽃 한 잎 주워다가」 전문 ―

시인은 '뻥 터져 튀어나온 팝콘처럼' 온통 하얗게 핀 벚꽃을 보고 있다. 만개한 벚꽃의 장관 앞에서 '예닐곱 살 소녀의 볼에 피어난 미소'처럼 부드럽고 약한 바람에 후드득 떨어져 내리는 꽃송이를 본다. 광풍에 휩쓸려 떨어지는 꽃잎이 아니다. 거의 느껴지지 않을 것 같은 약한 미풍에 내려앉는 꽃송이들을 시인은 보고 있다. 이 꽃송이에서 꽃잎 하나를 주워 손에 쥐어본다. 많은 낙화 속에 그의 손에 잡힌 한 송이는 떨어지는 꽃잎에 대한 시인의 작은 연민의 손짓일 수 있다. 이 손짓을 반복해 가면서 고 시인은 벚꽃의 화려한 낙화에서 받은 마음의 상처를 한 잎 두 잎의 꽃잎으로 치유하고 있는 것이다. 즉 벚꽃이 사라지는 슬픔의 큰 충격을 한 잎 두 잎 꽃잎을 주워가며 시간이 빚어내는 어쩔 수 없는 봄의 슬픔을 달래고 있다. 바로 이점이 고 시인이 고집하는 봄이 지나가는 슬픔을 이겨내는 길인 것이다. 그는 요란하지도 부산스럽지도 않다. 그러면서도 손안에 잡아보는 꽃잎 하나를 잡고 봄이 가는 아쉬움의 그늘을 바라보고 있는 것이다. 다음의 시를 보자.

파란 하늘
박수와 환호 속에 까마득히 날던 연

어느 날 갑자기
곤두박질치다 잘린 꼬리
느티나무 꼭대기에 걸려든 채
해를 거듭 한다

가뭄과 폭염에 몸부림하던 나무는
　　서서히 몸을 추스르더니
　　돋아난 새잎들로 우거져 있는데

　　미라가 되어버린 연
　　녹음으로 변해 가는 숲
　　여름이 오기 전에
　　오늘쯤 내일쯤 누구 없나요

　　　　　　– 「도와주세요」 전문 –

　이 시는 독특하게 끈이 끊어져 동네 느티나무 가지에 걸려버린 연을 대상으로 하고 있다. 이 연의 의미세계는 단순하게 보인다. 어린 혹은 젊은 날 누구에게나 꿈이 있다. 이 꿈은 연으로 형상된다. 하늘 높이 연을 올린다는 것은 꿈의 실현을 위한 행위이다. 가슴에 품고 있는 청운의 꿈을 하늘 높이 펼쳐본다는 상징성을 지닌 행위가 된다. 저 하늘 끝을 향해 솟아오르는 연의 모습은 바로 꿈의 진로를 보여주는 것이기도 하다. 그러나 꿈의 좌절도 있다. 연이 날아가다가 줄이 끊어지는 경우가 있다. 이를 좌절 혹은 실패 나아가 포기라는 말로 꿈의 상실을 말한다. 많은 젊은 날 어쩔 수 없는 주위 환경에 의해 꿈을 본의 아니게 상실해야 했던 일들이 있을 수 있다. 그리고 이 상실을 평생 잊지 못하고 살아가고 있는 것이다. 이 시에서는 연이 날아가다가 끈이 끊어져 높은 느티나무 가지에 걸려 있다. 마른 가지에 걸려 있는 연을 보면서 어쩔 수 없었다. 그러나 이 연을 누가 나무에 올라가 연을 다시 잡아와서 돌

려준다는 기대를 가지고 바라보고 있다. 그런데 세월이 가면서 마른 느티나무 가지에 잎이 피어나고 초록의 잎새가 무성하게 자라 이제는 연이 초록 잎새 속에 묻혀있게 되었다. 여름이 와서 잎이 더 무성해지기 전에 누가 와서 연을 내려줄 사람을 찾고 있는 것이 이 시의 상황(狀況)이다. 어찌 보면 소극적이고 어린 아이 같은 소원일지 모른다. 그러나 잃어버린 꿈이 나무속에 파묻혀버리기 전에 누가 와서 도와 달라는 애원은 스스로에게 보내는 애달픈 꿈에 관한 집념이라고 할 것이다. 고 시인이 보여주는 자연과 인간의 삶에 대한 조화적 융합은 정교하고 내밀하다. 그만의 낮은 목소리로 엮어가는 삶의 지향이 자연과 교묘하게 엉켜있는 시가 되고 있다.

3. 삶의 순결한 지향에 관한 시인의 내면

고 시인의 시세계가 지닌 특성은 독특한 방식으로 보여지는 겉면이 아닌 내면의 세계를 발현하고 있다는 점이다. 그에게는 억지로 엮어 극화시키려는 어떠한 한 서사를 보여주는 시편이 참으로 드물다. 이는 마치 강가에 서서 도도히 흘러가는 강물을 보는 것과 같이 또는 아름다운 자연이나 인간사에 그가 느끼는 참다운 애정의 감정을 형상화하려는 의도를 보여줄 뿐이다. 그래서 그의 시는 묵묵하고 밍밍한 맛이 난다고 하면 어떨까 한다. 그렇지만 그의 시에는 오랜 기간 향기를 풍기는 꽃향기처럼 마음에 시의 내용이 주는 감동이 살아있게 하는 힘이 있다. 그 힘의 원천은 시인이 보여주는 정직한 내면의 세계가 있기 때문이다. 다음의 시를 보자.

먼데서 오는 바람을 따라
움직이다 보면
아주 오래된 향기가 있는 곳으로
가고 싶어집니다

여름 풀밭을 누비던 다람쥐들
지나가는 비를 피하는지
바짝 부둥켜안은 채
짙은 풀숲에 숨었고요

알알이 익어가는 가을들녘에
이불처럼 덮인 구절초 군락
바람을 타고 서걱거리는
연인의 계절입니다

사뭇
사람과 사람사이의 온기가
그리워지는 시간입니다

― 「연인의 시간」 전문 ―

 고영복 시인의 시편 속에서 사랑을 주제로 한 시가 많지 않다. 그 중에서도 연인을 그린 시는 참 드문 편이다. 이 시는 연인을 그리워하는 마음을 그린 시이다. 이 시에서 연인에 대한 그리움은 자연에 의탁된 형상으로 나타난다. 바람 부는 날 어디엔가 가고 싶어 나오면 '아주 오래된 향기'가 있는 곳을 가고 싶어 한다. 시인의 이 표현 뒷면에는 오래된 연인의 향기를 그리워한다는 뜻이 내포되어 있다. 시인은 직설적으로 연인에 대한 그리움을 드러내지 않고 연인과의 인연이 있는 '짙은 풀숲'을 보여준다. 한 여름 다람쥐들이 비가 오자 수풀 속에 숨어 버리고 연인과 부둥켜안은 채 수풀에 숨었었던 기억과 가을이면 이불처럼 덮인 구절초 들판에 바람을 타고 '서걱거리'며 다니던 기억이 피어난다. 이 연인의 계절 사람과 사람사이에 나누던 온기가 그리워진다는 내용이다. 이 시에서 시인은 연인에 대한 그리움은 바람, 비오 오는 날의 풀숲, 구절초 군락이 일으키는 서걱거림의 소리로 나타난다. 시인에게는 직접적 감촉에 대한 표현보다는 자연이 주는 숨어 있는 감촉의 기억으로 연민을 회생시키고 있다는 점이 특이하다. 시인에게는 순수한 연정의 의미를 자연과 겹치게 만들어서 감촉의 느낌을 극대화 하고 싶었는지 모른다. 이 점이 그의 개성이라 할 것이다. 다음 시를 보자.

연중행사 치루 듯
딸아이한테 갈 적이면
헤어짐을 먼저 떠 올린다

아름다운 날
긴 머리 날리며 내 곁에 온 그날도
헤어짐의 그림자가 엉켜 붙는다

획 지나간 20년

다시 온 그날도
엉켜 반짝이는 환희와
오직 나만이 느낄 수 있는 살 냄새에
가슴 저리는 아쉬움

그렇게 함께 간다
우리들의 이별은

- 「우리들의 이별은」 전문 -

    이 시는 어머니와 딸과의 사이에 일어난 이별의 순간을 아주 단순하게 서술하고 있다. 딸을 시집보낸 후 해외에 사는 딸을 찾아 갈 때면 언제나 먼저 헤어짐을 생각한다. 이 헤어짐을 생각하게 하는 것은 그가 딸을 안고 키우던 '살 냄새'에 연유한다. 이는 그가 지닌 핏줄에 대한 영원한 사랑을 근거로 한 것이다. 그러기에 한 해에 한번 해외로 찾아가는 어머니의 마음에는 이별이라는 아픈 사연이 앞을 가리게 된다. 딸을 시집보낸 어머니들이 대체로 항상 '남의 집에 가버린 딸'이라는 이별의 슬픔이 남아 있을 것이다. 그리고 다시 만나는 순간부터 다시 헤어져야 한다는 의식이 이들에게는 공통적 아픔으로 남는다. 그러기에 이러한 이별은 항상 딸과 함께 가는 슬픔의 길이 된다. 특히 이 시에서 찾을 수 있는 것은 시인의 마음에 담긴 딸을 시집보낸 뒤에 겪게 되는 마음속의

앙금처럼 지워지지 않는 '마음의 결'이라는 이별의 슬픔이다. 이는 오직 어머니로서 느끼는 가슴 저리는 아쉬움이다. 시인은 딸과 함께 이별을 하고 있다고 하지만 그것은 어머니로서 스스로를 달래는 위안일 뿐이다. 고 시인은 속 시원하게 탁 털어놓을 수 있는 성격으로 보이지 않는다. 마치 꽃잎이 피어나면서 안으로 사그라질 것을 걱정하며 이에 대한 슬픔을 안으로 삼키며 웃듯이 그런 심정으로 보인다. 이처럼 안으로 삼키는 고 시인의 성품이 아름답게 드러나 있는 것은 그의 품성 탓일 수도 있을 것이다. 다음의 시를 보자.

진달래꽃이 필적이면
더 간절해지는 어머니 생각

하얀 앞치마 위 흰 저고리에
끊임없이 꽃이 피는
진분홍 연분홍 화전

너무도 예뻐서
너무도 고와서
빤히 꽃잎을 바라보던 나에게
" 이거 한 잎 먹어보렴. 맛있어 "

진달래꽃을 따오게 하셨던 어머니
사랑 한 잎
추억 한 잎

푸른 봄이 머무는 곳마다
봄바람 한 잎

- 「진달래꽃 필 무렵」 전문 -

이 시는 어머니에 대한 회상이 중심내용이다. 그런데 고 시인은 이 어머니에 대한 그리움을 진달래 꽃잎을 매개(媒介)로 한 점이 특이하다. 이는 진달래꽃이 피는 계절이면 어머니 생각이 더 간절해진다고 한다. 그러면서 이 간절함과 절실함을 흰 저고리에 하얀 앞치마를 입은 모습인 '끊임없이 꽃이 피는 진분홍 연분홍 화전'에 비유하고 있다. 그리고 이 화전과의 인연을 그리고 있다. '너무도 예뻐서 너무도 고와서' 화전을 바라보고 있는 화자에게 어머니가 먹어보라고 권하던 말이 떠오르고, 봄이 오면 진달래 꽃잎을 따오라고 했던 어머니에 대한 애절한 그리움이 '사랑 한 잎'으로 피어오른다고 고백하고 있다. 또 어머니에 대한 바람 그리움을 '봄바람 한 잎'이라고 했다. 꽃잎들이 수없이 피어나게 하는 봄철의 따뜻한 바람이 꽃잎 하나하나에 미치는 무한한 생명력의 아름다움으로 형상하고 있다. 진달래 꽃잎 하나 얹혀진 화전에서 번지는 어머니의 사랑이 얼마나 애절하고 진실함을 바라며 직관적 대면보다는 아름다운 자연의 대상을 은유적으로 표현하는 점이 그만의 시 세계를 구축해가는 방향이라고 할 것이다.

이제 끝으로 고영복 시인의 세 번째 시집은 두 번의 시에서 보여준 자연과 인간의 생명 가치에 대한 관심을 내면화 하면서 시안에 숨겨진

'노래'적 감성을 보다 교묘하게 담고 있다. 뿐만 아니라 그의 시는 마치 소리 없이 흘러가는 계곡의 물처럼 세속의 한가운데를 그만의 목소리로 노랫가락으로 헤쳐 나가듯이 그와 친숙한 자연의 아름다운 형상과 만나게 하고 인간과 인간 사이에도 항상 선의적 관계를 전제로 서로를 껴안는 포용의 따뜻한 정을 그려내고 있다. 어려운 현실 생활에서 선한 쪽만 바라본다고 할 수 있겠지만 한국의 선한 인간의 참다운 아름다움에 대한 갈망도 또 다른 시의 전망이 될 수 있다는 점에서 그의 시가 가진 잔잔한 호소의 따뜻한 목소리도 중요하다. 꾸준하게 시를 붙잡고 노래하며 정진하는 고 시인의 시가 그의 참된 시정신의 개화를 꿈꾸고 있다는 점으로 기억하게 될 것이다. 세 번째 시집 발간을 축하한다.

초판 인쇄일 2025년 1월 27일
초판 발행일 2025년 1월 27일
지은이 고영복
발행인 박근정
발행처 심 상

06788 서울특별시 서초구 양재동 353-4 청암빌딩 2F
TEL. 02-3462-0290
FAX. 02-3462-0293
출판등록 제라-1696

값 12,000원
© 고영복
ISBN 979-11-85659-47-3